KB211030

사망도
심판받고 사라집니다

사망도
심판받고 사라집니다

ⓒ 김연희, 2023

초판 1쇄 발행 2023년 12월 12일

지은이	김연희
삽화	김연희
펴낸이	이기봉
편집	좋은땅 편집팀
펴낸곳	도서출판 좋은땅
주소	서울특별시 마포구 양화로12길 26 지월드빌딩 (서교동 395-7)
전화	02)374-8616~7
팩스	02)374-8614
이메일	gworldbook@naver.com
홈페이지	www.g-world.co.kr

ISBN 979-11-388-2578-8 (03230)

사망도 심판받고 사라집니다

사람이 어디에서 와서 어디로 가는지 알고 싶을 때

~이 땅에서 나는 음식을 먹어서 살찌운 육신은

땅에 묻거나 불태우고,

천국의 하나님께서 주셔서 어머니가 길러 주신 영혼은

생명이 다하면 천국으로 다시 가야 합니다.

김연희 지음

좋은땅

머리말

　사랑은 지켜야 하는 것입니다. 지키지 않으면 사랑한다고 말하기가 어렵습니다. 우리가 지금 지키려 하는 것 중에서 사랑은 어떤 방법으로 지켜지고 있는지를 뒤돌아보는 시간이 되었으면 합니다.

　힘든 일이 있을 때 야단치며 왜 그 정도밖에 못 하느냐고 말씀하실 것 같은 분을 하나님이라고 믿어야 할까? 아니면 눈을 가만히 들여다보며 무엇이 문제인지 물어보거나 혹은 어떤 방법으로 물어봐야 진실로 어려운 문제를 내어놓고, 같이 해결할 수 있도록 '마음을 말로 표현해 줄까'를 생각하며 기다리는 분을 하나님이라고 믿어야 할까? 그래도 문제를 말하지 않을 때는 우리가 할 수 있는 최선의 것을 상대방이 거절하지 않을 것 같은 방법을 보여 주며, 조용히 동행하는 것을 보여 주는 분이 하나님이라는 것을 믿어야 할까?

　내가 경험한 것을 하나님의 모습의 전부라면서, 무섭게 야단치며 나이에 맞는 행동을 하라고 다그치는 분을 하나님이라고 생각한다면 그분이 나를 사랑하시는 하나님 아버지라고 말할 수 있을까?

　그런 분을 하나님 아버지라고 결정해 놓고 죄가 많아서 교회에 가기가 두렵다고 생각한다면 예수님의 땅끝까지 전도가 이루어질 수 있을까?

　무엇으로 땅끝까지 전도하라는 말씀을 남겨 두시며 제자들이 보는 앞에서 하늘로 올라가셨을까?

　하나님은 사랑이시라. 하나님은 사람의 사랑의 근본이십니다. 내가 혹시라도 내 주위의 사람들에게 사랑하는 모습을 보였다면 그것은 근본이 사랑이신 하나님의 마음에서 온 것이라고 믿습니다.

　화가 날 때 예수님의 제자들이 말했던 샬롬을 생각합니다. 평안할 때 몸이 아프지 않고 치유

됨을 체험하며 놀라기도 합니다. 하나님은 무섭고 두렵게 하시는 분이 아님을 누구에겐가 말하고 싶지만, 전도에 능력 없는 나의 말을 들어주며,

 "정말이야."라고 대꾸해 주실 수 있는 사람이 많지 않음을 생각하며 이 책에서 주장하고 싶습니다.

 야단치며 옥박지르는 것은 사람을 이해하려 하지 않는 사단의 본성의 일부분일 수 있으므로, 가만히 진실한 마음으로 거절당하지 않을 것 같은 방법을 제시하며, 같이 해결하려 하시는 분이 사랑의 하나님이시라는 것을.

 하나님에 대해 오해가 많은, 그리고 사단의 혀를 하나님의 질책으로 오해하기도 하는 것은, 보이지 않고 알 수 없는 분이 하나님이므로 저는 이렇게 정리해 봅니다. 평안과 기쁨과 감사가 나타나면 성경에 나오는 예수님이신 여호와 하나님이고, 무섭게 놀라게 아프게 고통스럽게 하는 경우는 사단일 수도 있으므로 항상 평안과 감사와 기쁨을 가질 수 있기 위해 먼저 '이해하고 먼저 양보하는 방법'으로 살기를 노력해야 한다고, 그래서 재미있는 책과 성경을 가지고 파리바게뜨 빵집이나 커피베이를 자주 가서 다른 사람들의 '먼저 이해와 먼저 양보'를 배우려 합니다.

 예수님이 남기신 사랑 안에는 사탄을 공중에서 떨어뜨리는 권세가 있습니다. 그것은 사랑을 지키려 하시는 예수님의 결단의 일부분임을 알게 하시는 것입니다. 하나님은 사람을 사랑하십니다.

 이 책을 낼 수 있도록 도와 주신 하나님과 교회와 교수님들과 출판사에 감사드립니다.

김연희 올림

목차

+ 기독교인 이해하기

예수님
이해하기

1. 하나님의 일반 은총과 특별 은총

일반 은총은 하나님께서 만드신

모든 세상에 대해

자연, 과학, 물리 등을 통해

사람이 살 수 있도록 하시는 것으로

해, 바람, 물 등을 모두에게 주시는 것입니다.

특별 은총은 세상의 법 등을
초월하여 통치하는 것을 말합니다.
예를 들면 죽은 자가 살아나는
기적 같은 것입니다.

2. 예수님의 십자가 사건은 희생이 아니라 사랑입니다

에덴동산에서 아담이
선악과를 먹음으로 죄를 지었고
그 죄가 자손 대대로 전수되는 것을
예수님이 없애 주십니다.

예수님은 당시에 죄 지은 자가
매달려 죽는 십자가에서
이브와 그 후손들의 죄를 대신 가지고
죄인 취급되어 돌아가십니다.

오직 하나님의 뜻에 의해
스스로 십자가를 지신 것입니다.
희생당하여
해결해야 하는 문제를 남긴 것이 아닌
그냥, 사랑인 것입니다.

십자가는 조건이 없는 사랑입니다.

성도들을 교회 공동체를 통해

세상 안에 있는 사탄에게서 분별하여

영혼육을 온전하게 돌보다가

천국으로 인도하기 위한 하나님의 보살핌입니다.

3. 부활에 대하여

금요일에 십자가에서 돌아가신 예수님은
3일이 지난 일요일에 다시 살아나셔서
40일 동안 제자들과 같이 계시다가
제자들이 보는 앞에서 하늘로 올려지셨습니다.

하늘로 올라가신 모습 그대로
다시 오셔서 공중에서 나팔 불 때
먼저 자던 자들이 무덤에서 일어나고
살아 있는 사람들도 공중에 올라가
예수님을 다시 만나게 됩니다.

이것이 사람으로서 믿는 자의 부활이며
사망이 없어지고 땅이 변화되며
시간이 심판을 받아 없어지는
성경 요한계시록 21장의
새 하늘과 새 땅에 대한 예수님의 약속입니다.

4. 태초에 하나님이 천지를 창조하시니라

하나님은 창조하실 때 말씀으로 하셨습니다.
[빛이 있으라] 하시니 빛이 있었고
궁창을 [물과 물로 나뉘라] 하시며
[물이 드러나라] 하시니 그대로 되었습니다.
빛과 어둠을 나뉘게 하시며
[물들은 생물을 번성하게 하라] 하셨습니다.

여섯째 날에 하나님의 모습대로
사람을 창조하시고 그 남자와 여자에게
복을 주시며
[모든 움직이는 생물을 다스리라] 하십니다.
천지 만물이 다 이루어진 후에
일곱째 날에 쉬십니다.

하나님이 말씀으로 세상을 창조하셨으므로

사람도 말로 의사 표현을 하며 그 세상 안에서 살아갑니다.

행동으로 의사 표현을 하는 것은

위험할 수 있습니다.

말로 가능한 세상을 꿈꾸며 기도하는 공동체,

교회를 보내신 분

그 하나님이 바로 예수 그리스도이십니다.

5. 기독교는 사랑입니다

성경은 하나님에 대한
믿음이 있을지라도 사랑이 없으면
아무것도 아니라고 말씀합니다.
하나님께서 세상을 사랑으로 만드셨으니
사람들도 하나님의 뜻을 따라
사랑하며 살라는 것입니다.

하나님은 우리에게 복 주시며
지키시기를 원하셔서
[아빠, 아버지]라고 부르라 하십니다.
따라서 피조물인 우리는 서로
형제자매가 됩니다.
형제자매인 우리는 서로 사랑하며
오래 참고 온유하며 악을 떠나서
진리와 함께 기뻐하라 하십니다.

우리 이웃이 모두 하나님의 자녀이므로

이웃을 나 자신같이 사랑하고

아버지이신

우리의 하나님 여호와를 사랑하라 하십니다.

그분이 구약에서 [스스로 있는 자]라고 말씀하신

예수 그리스도이십니다.

6. 하늘로 올려지사 하나님 우편에 앉으시다

천사가 마리아에게 가서
아들을 낳으리니 이름을 예수라 하라고 합니다.
남자를 알지 못하는 마리아가
어찌 이런 일이 있겠는지 묻습니다.
높으신 이의 능력, 성령이 드리워지고
태어나는 거룩한 이는
하나님의 아들이라 불릴 것이라 말합니다.

예수님이 태어날 것을 미리 천사에게 들은
다윗 자손 요셉은 마리아와 결혼합니다.
아버지 요셉을 따라 목수로 살다가
30세부터 3년간 하나님 일을 하십니다.

세례를 받고 열 두 제자를 부르시고
하나님 말씀과 천국을 알리고 병자를 치료하십니다.
하나님을 섬기고 이웃과 더불어 살아가는 방법
즉, 하나님 사랑 이웃 사랑인 산상수훈을 말씀하십니다.

사단이 들어간 제자 유다에 의해 고발당하고
찬송받는 이의 아들 그리스도라는 말로
신성모독이 되어 십자가 형을 받습니다.

금요일에 돌아가시고 3일 후에 살아나셔서
40일간 제자들과 사시다가
하늘로 올려져 가시면서 복음에 관한 말씀을 남깁니다.

"너희는 세계 만민에게 나아가 복음을 전파하라
믿고 세례를 받는 사람은 구원을 얻을 것이요
믿지 않는 사람은 정죄를 받으리라
그들이 믿을 때에 이런 표적이 따르리니
그들이 내 이름으로 귀신을 쫓아내며
새 방언을 말하며 뱀을 집어 올리며 무슨 독을 마실지라도
해를 받지 아니하며 병든 사람에게 손을 얹은 즉 나으리라"

막 16:15~18

말씀을 마치신 예수님은 하늘로 올려져
하나님 우편에 앉으십니다. 제자들이 전도할 때
주 예수 그리스도께서 함께하시며 표적(이적, 기적) 등으로
이 기도 말씀을 도우십니다.

7. 왜 나사렛 예수인가요?

예수님은 지금으로부터 약 2천 년 전에 태어나십니다.
'예수'란 이름은
[그가 자기 백성을 그들의 죄에서 구원할 자]라는 뜻으로
잉태하기 전에 천사가 알려 준 이름입니다.

구약의 이사야서에서 말씀하시는
'하나님의 성령이 오셔서 가난한 자에게 복음을 전하시고
사단에게 포로 되고 눈먼 자에게 자유를 주신다'고 하시는
그분이 예수님입니다.

눅 4:18~19

예수 이름을 가진 사람은

역사가 만들어진 이후로 아주 많습니다.

하지만 하나님의 뜻에 따라

아담의 불순종으로부터 유전되고 있는 사람의

원죄를 없애려는

구원의 메시아로 오신 분은

2천 년 전, 나사렛에서 태어난 예수님뿐입니다.

그 나사렛 예수의 삶을 보면
아버지 요셉의 직업인 목수로 살다가
30세부터 33세 돌아가실 때까지
3년간 하나님의 일을 하십니다.

다양한 직업을 가진 열두 명의 사람을
제자로 선택해서
하나님 나라가 있음을 말씀으로 가르치시고,
죽은 자를 일으키고, 아픈 사람, 귀신 들린 사람을 치료하십니다.

하지만 직접 자신들을 다스려 줄
메시아를 기다렸던 이스라엘 민족은,
예수님을 모세의 율법 안에서 해석하려 했습니다.
각 개인에게 성령을 주시고 각 개인을 제사장으로 세워
사람과 항상 함께 동행하려 하셨던 예수님을 이해 못 하고
십자가에 세웠습니다.

하늘로 승천하시기 전에,
예루살렘에서 성령으로 세례를 받고
유대와 이방 땅끝까지 예수님의 증인이 되어
복음을 전파하라 하셨습니다.
이분이 그 시대에 나사렛에서 유일하게 태어나신
단 한 분 예수 그리스도이십니다.

8. 죄 때문에 사망이 시작되었습니다

하나님이 흙으로 사람을 지으시고
코에 생기를 불어넣으시고
동방에 에덴동산을 만드셔서
사람을 거기에 두셨습니다.

그 동산을 경작하며 지키게 하시면서 명하시되,
각종 나무 열매는 네가 임으로 먹되
선악과는 먹지 말라, 먹는 날엔
네가 반드시 죽으리라 하셨습니다.

그러나 여호와 하나님이 지으신 들짐승 중에
가장 간교한 뱀이
여자에게 결코 죽지 않으며
오히려 눈이 밝아져서
하나님과 같이 되어
선악을 알게 된다고 꼬드깁니다.
여자가 먼저 그 열매를 따서 먹고 남편에게 주니
먹은 후에 그들의 눈이 밝아지자
벗은 것을 알고 숨게 됩니다.

결국, 사람이 죄를 짓도록 꼬드긴 뱀은

저주를 받아 배로 다니고

살아 있는 동안 흙을 먹게 됩니다.

여자는 임신하는 고통과 수고하고 자식을 낳게 되며

아담은 불순종으로 저주받은 땅에서

땀을 흘려야만 음식을 먹다가

결국은 죽어 흙으로 돌아가게 됩니다.

즉, 뱀의 간교함으로 죄를 지은 아담으로부터 사망이 시작된 것입니다.

9. 십자가의 의미를 생각합니다

예수님이 사시던 시대에는
죄인을 십자가에 매달아 처형함으로써
죄인과 죄인이 지은 죄를 같이 사라지게 하여
사람들로부터 죄를 격리시켰습니다.

사람으로 오신 하나님 즉, 예수님은

성령으로 잉태되었으므로 죄가 없으시지만

죄를 없애고 사람을 자유롭게 하여

천국으로 인도하시려는

하나님의 뜻에 의해 십자가를 지셨습니다.

아담이 선악과를 먹고
눈이 밝아져서 벗은 것을 인식하고
나뭇잎으로 치마를 삼고
숨었을 때도
가죽옷을 지어 입혔습니다.
그러나 아담의 불순종으로 인한 죄는
예수님 오실 때까지 해결 받지 못했습니다.

42

이 아담의 원죄를

사람에게서 벗어 주시려는 하나님의 뜻은

대제사장이 사람들을 위하여

양으로 매일 제사를 드리던 것을

흠이 없는 예수님이 십자가에서 양을 대신하여

단 한 번으로, 제물이 되는 것이었습니다.

예수님은 하나님께 순종하였습니다.

그래서 예수님께 순종하는 모든 자들은

다시는 죄를 사함 받기 위한 제사를 지내지 않아도

구원받을 수 있게 되었습니다.

43

이런 십자가는 예수님께는 항상 현재입니다.
따라서 사람들도 예수님의 십자가 사건을
현재 일어나는 일로 믿는 분들은
이적 같은 특별 은총을 체험하기도 합니다.
그래서 십자가를 가진 기독교는 믿음의 종교이고
믿음으로 체험하는 은혜의 종교입니다.

44

10. 예수 그리스도께서 주신 자유

하나님이 사람을 창조하실 때
동행에 필요한 자유의지를 주십니다.
하나님은 무엇이든 하실 수 있지만
혼자 결정하기보다는
피조물의 생각을 물어보시고
동행에 필요한 것을 채워 주십니다.

아브라함에게 두 아들이 있는데
자유가 있는 사라에게서는
하나님의 약속으로 얻은 이삭이 있고
자유가 없는 여종에게서는 육체를 따라 얻은 이스마엘이 있습니다.
이 두 아들이 겪는 마음의 갈등은
하나님의 약속을 믿지 못한 아브라함의
자유의지의 일부인 듯합니다.

약속의 자녀 후손으로

남편 하나, 아내 하나를

이끌어 오신 그분이 민주주의의 근본이신 여호와 하나님입니다.

또한 피조물에게

자유의지를 주신 것은

사람마다 생각이 다르기를 원하신 것입니다.

그 다른 생각이 사회와 문화를 발전시킵니다.

하나님은 사람이 노력할 때 도우십니다.

아픈 사람을 치료하는 의사를 돕는

그분께서

다시는 종의 멍에를 메지 말라고 하십니다.

11. 예수님은 죄가 없으십니다

예수님은 인성이 있으시지만 죄가 없으십니다.
아담이 선악과를 먹는 죄를 지은 이후
사람은 그 자녀도 태어나면서 죄를 가지게 됩니다.

하지만 예수님은 부부 관계에 의해 태어난 것이 아니라
하나님의 영, 즉 성령님이
마리아의 몸에 들어감으로 태어나셨습니다.

49

예수님은 죄를 지은 아담의 후손의
정자와 난자의 수정에 의한 것이 아니고
하나님의 영이 천국에서 와서 임신이 된 것이므로
아담으로부터 유전되는 죄가 없습니다.

그분은 죄가 없는 하나님의 아들로서
세상에서 죄를 사하는 권능을 가지고 계십니다.
그래서 죄인들을 구원할 수 있는 자격이 있으십니다.

구원하시기 전에 죄를 회개하라고 하셨고
예수님을 믿는 자에게는
죄를 사하시며
중풍병자를 치료하신 것처럼 질병을 고쳐 주십니다.

처녀가 잉태하여 아들을 낳을 것이요
그의 이름은 임마누엘이라 하리니 이것은
'하나님이 우리와 함께 계시다'는 뜻입니다.

예수님이 태어나신 이후를 신약시대라고 합니다.
예수님이 천국 가서서 보내신
'성령'의 시대라고도 합니다.
구약에서는 사람이 죽으면 그 조상 열조에게 갔지만
신약시대인 지금은
예수님을 믿는 자는 구별되어, 천국으로 갑니다.

12. 사망, 심판받고 사라집니다

여호와 하나님이 처음 만드신 아담은
먹는 날엔 죽으리라 한
선악과를 따 먹어
영원히 살 수도 있었던 에덴에서 쫓겨나
사람의 근원이 된 땅을 갈게 되었습니다.

사망이 첫 사람 아담으로부터 시작되어
아담 안에서 그 후손들은 모두 죽었지만
다시 사는 부활에는
예수 그리스도가
하늘로 가심을 본 그대로
다시 오시는 재림을 하십니다.

예수님이 사람을 구원하기 위해
십자가에서 돌아가신 사건을 믿는 모든 사람은
또한 부활하여 썩지 않을 것으로 살아납니다.

그 후에는 마지막으로
예수님이 모든 통치와 권세와 능력을 멸하시고
세상을 하나님 아버지께 바칩니다.

예수님은 원수(사단)를 여호와 하나님께 복종하게 하실 때까지
왕으로 일하시고
하나님이 만물을 복종하게 하실 때는
아들 자신도 그분에게 복종하여
하나님이 만유의 주이심을 보이십니다.

하나님께 복종하지 않은 아담의 범죄는
사망을 이끌어 냈고
그 사망은 죄가 있는 곳에서 왕 노릇 하면서
율법을 만들어 권능을 가지고
사람을 휘둘렀습니다.

이 권능을 깨뜨리고
죄가 묻는 사망의 묶임을 풀어주신 분이
아버지 하나님께 복종하신
죄가 없으신 예수님이십니다.
사망은, 예수님 재림 이후
심판 받고 불못에 던져져 사라집니다.

13. 신이신 여호와는 누구인가요?

사람들이 부르는 하나님은 여호와를 말합니다.
그분의 이름은 '스스로 있는 자'이며
사람들이 기억해야 하는
영원한 단 하나뿐인 신으로 부모가 없습니다.

그 외의 모든 종교의 창시자는
여호와께서 만드신 피조물입니다.

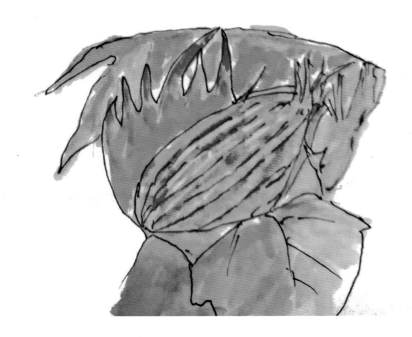

사람인 아담과 이브를
하나님의 형상대로 창조하셨는데
창조의 목적은 동행
즉 같은 방향을 향해 걸어가는 것입니다.

피조물을 어떤 목적을 위한
수단으로 만든 것이 아닌
그 자체가 목적이므로
사람에게서 요구하시는 것이 없고
그냥 기뻐하시고 축복하셨습니다.

세상에 단 하나뿐인 신이신 여호와는
보이지 않는 분이며 완벽합니다.
빛이라 혹은 불이라 불리시며 표현되고
특정한 모양이나 형체가 없으므로
여호와에 대해 '어떠하다'라고 하면 안 됩니다.

요한계시록은 "나는 알파요 오메가요
처음과 마지막이요 시작과 마침이라"라고 말씀하십니다.
시간 밖에 계셔서 사람처럼 생로병사가 없는
항상 현재이시며 항상 영원하신 분입니다.

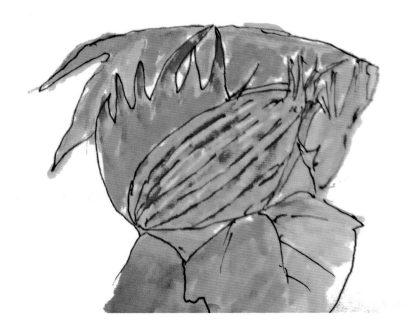

항상 변함이 없으시므로
회전하는 그림자도 없으십니다.
그분이 사람을 죄에서 구원하기 위해
2천 년 전에 사람으로 태어나 십자가를 짊어지신
예수 그리스도이십니다.

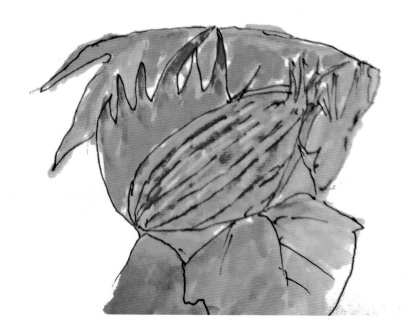

14. 영생하려면 서로 사랑하라

이스라엘 율법 교사가
영생하는 방법에 대해 물었을 때
사랑하라고 하십니다.

네 마음을 다하며 목숨을 다하며
힘을 다하며 뜻을 다하여
주 너의 하나님을 사랑하라 하십니다.
또한 네 이웃을
네 자신같이 사랑하라 하십니다.

세상을 창조하신 하나님께는
앞집이든 뒷집이든
모든 사람이 자녀이므로
같이 더불어 도와 가며 살라 하십니다.

본래 아담의 후손인 사람은
분쟁하지 않는다고 합니다.
개인이나 단체의 갈등이 커지면
전쟁이 일어날 수도 있는데
원인은 뒤에 숨은 사탄의 영향이라 합니다.

그러나 그 사탄은 사랑을 잘 모른다고 합니다.
본능적으로 취하고 버리면서
무리를 이루는 것은 조직이라고 합니다.

하나님의 형상대로 지음 받은 사람은
겉모양뿐만 아니라 마음도 받았으므로
예수님 안에서 이웃도 섬기고
우리의 일들을 사랑으로 행해서
갈등이 없도록 하라 하십니다.

15. 신약은 구약을 완성한 것입니다

성경은 구약과 신약으로 나뉩니다.
하나님이 세상을 창조하시고
에덴동산에 사람이 살 때는
특별히 약속이 필요하지 않았습니다.
아담이 말씀에 순종했기 때문입니다.

눈이 밝아져 하나님과 같이 되기를 바라는
뱀의 꼬드김으로
선악과를 먹는 불순종을 한 사람은
죄를 지어 저주 아래에 놓이게 됩니다.

하나님은 죄와 가까이할 수 없는 분이므로
사람과 멀어지게 됩니다.
사람들은 더욱더 악을 행하면서
그들의 이름을 하늘에 내려고 바벨탑을 건설합니다.
하나님은 그들을 땅에 흩으시고
모세의 율법과 십계명을 주시면서
악에서 떠나면 자손 천대가 복을 받는
구약의 약속을 하십니다.

행위를 바르게 하여
죄를 짓지 않도록 하는 것입니다.
하지만 이 구약은 지키기가 어려워
쉬운 새로운 약속을 하셨는데 바로 신약입니다.

신약은 새로운 약속입니다.
예수님이 십자가에서 사람들의 원죄를
모두 가지고 대신 돌아가셨으니
이제는 죄가 없어져서
천국을 갈 수 있다는 것을 믿으면
구원이 된다는 약속입니다.

구약은 사람의 노력이나 행위로 죄를 용서받았지만

신약은 오직 믿음으로,

믿는 것도 예수님이 성령으로 도와주시므로

오직 '믿음의 법'이라고 표현합니다.

이 신약의 법은

죄가 없는 예수님이 하나님의 뜻에 의해

죄인 되어 십자가 형벌을 받습니다.

그때 흘린 예수님의 피가
사람들의 죄 된 행실을 깨끗하게 하여
사람들이 하나님을 섬길 수 있게 합니다.

모세의 법인 율법 즉,
모든 것을 피로써 정결케 하는 구약의 법이
예수님의 믿음의 법으로 해결되었습니다.

피 흘리는 것이 없으면 사함이 없는 구약의 정결법을

예수 그리스도의 피로 단번에 드려

죄 사함을 받았으므로

이제는 피 흘리는 제사가 필요 없게 되었습니다.

이것을 믿기만 하면 죄가 없어져서 구원이 되어

천국 갈 수 있는 구원이 됩니다.

구약의 행위의 법을 사랑의 법, 은혜의 법으로 바꾸어 놓은 것입니다.

그리고 원죄를 벗기 위해
아무 수고도 안 한 우리를 '의롭다' 하십니다.
교회는 예수님이 살리신 성도를 사단과 구별하시는
천국을 향한 사랑이고 지키심입니다.

16. 성경에서 인간의 역사

신이신 여호와 하나님은
온 우주와 세상 창조 안에 인간도 넣으십니다.
태초에 천지를 창조하시고
6일째에 하나님 모습을 따라 인간을 창조하시고
다음 날인 토요일에 안식하십니다.
구약의 이스라엘 민족이 이 안식일을 지켜
토요일에 쉬면서 예배를 드렸습니다.

에덴동산에서는
인간을 사랑하시는 하나님과 가까웠지만
죄를 지음으로 죄가 없으시고
악과 같이 할 수 없는
하나님과는 멀어지게 됩니다.

하나님은 불멸하시며 영원하시므로
인간이 죄를 지어도 죽이는 것을 안 하셨고
쫓아냈어도 보살핍니다.

이후로 아담의 후손인 아브라함을 선택하여
여러 민족의 아버지가 될 것을 미리 축복하십니다.
그의 손자인 이스라엘 민족이
이방신의 나라 이집트에 살 때는
모세를 세워 가나안 땅에 정착시키고
선지자를 통해 말씀하십니다.

사단의 불순종이 인간 사이에서
사람의 행동을 변화시키므로
다시 하나님 말씀이 멀어지고 이스라엘의 유다 왕국이
'바벨론의 침입으로 흩어져 안전한 곳을 찾을 때'쯤
하나님의 사랑은 이런 사단에 매인
사람의 죄를 용서하기 위해 사람으로 태어납니다.

그분이 예수님입니다.

지금으로부터 2천 년 전에 다윗의 후손으로 태어나

33살에 십자가에서 돌아가셨지만

3일 후에 부활하십니다.

이스라엘 민족과 이방 모든 사람의 구세주로

오신 그분이 재림하실 때는

우리도 부활할 것을 믿습니다.

그러나 그때는 아무도 모릅니다.

그래서 부활하신 일요일에 예배를 드립니다.

17. 우리는 예수 그리스도의 것이요 그리스도는 하나님의 것이라

우리는 몸은 하나이지만 많은 지체가 있습니다.
요긴하고 귀하고 아름다운
눈과 손과 발과 귀가
한 몸에 붙어 있으면서 몸이 부족하지 않게 하고
지체끼리 서로 마찰 없이 돌보게 합니다.

즉, 우리는 그리스도의 몸이며

그분 지체의 각 부분이라 할 수 있습니다.

우리의 아름다운 지체에

하나님이 귀중함을 더하게 하셔서

모든 지체가 함께 즐거워하게 합니다.

또한 교회의 머리이신 그리스도께서

목사님, 전도사님, 장로님, 집사님 등

지체로서 직분자를 세우게 하시고

서로 돕도록 권면하며

하나님의 평강으로 마음과 생각을 지키게 하십니다.

18. 천국이 무엇인가요?

천국은 예수님이 12 제자들과
천국을 알리는 복된 소식인
복음을 받아들이는 모든 사람들에게
약속하신 하늘나라의 집입니다.

온 천하에 다니며 만민에게
복음을 전파하라고 하시면서
믿는 자에게 주시겠다고 하신 구원의 약속입니다.

사람이 사망하면
몸은 이 땅에 묻거나 불태우고
영혼만 천국으로 돌아갑니다.
우리 몸은 흙으로 빚어서 만들어졌고
이 땅에서 나는 음식을 먹어서
살찌운 육신이기 때문입니다.
또한 천국에서는 먹지도 않고 잠도 자지 않습니다.

이 땅을 먹고 자란 피와 살은
이 땅에 놓고 가야 합니다.
영혼은 천국의 하나님께서 주셔서
어머니가 길러 주신 것이므로
생명이 다하면 천국으로 다시 가야 합니다.

천국은 옷을 입거나 밥을 먹거나
결혼할 필요가 없습니다.
세상에서 살면서 갖고 있던
몸이나 직장이나 돈, 명예도 의미가 없습니다.
예수님을 믿는 사람이면 누구나 갈 수 있습니다.

선교나 구제, 교회 부흥을 위해

자신의 소유 일부를 하나님께 드리는 것은

하나님 나라를 넓게 할 수 있으므로 감사하게 생각합니다.

그러나 천국을 가는 자격과는 상관없습니다.

회개하고, 예수님처럼 영혼을 하나님께 맡겨야 합니다.

기독교인
이해하기

19. 사람 위에 있는 권세에 대하여

예수님은 각 사람의 위에 있는 권세에 대해
복종하라 하십니다.
권세는 하나님이 정하셨고
하나님에게서 나왔으므로
거스르거나 두려워하지 말고
선을 행하면 권세자에게 칭찬을 받습니다.
그가 하나님의 사역자가 되어 선을 베풀기 때문입니다.

악을 행하면

악을 행하는 자에게는 보응하는 자이므로

오히려 두려워해야 합니다.

그가 화를 내기 때문이 아니라

자신의 양심에 옳기 때문에 해야 하며

사회제도에 대해서도

그들이 하나님의 일꾼이 되어 힘쓰므로

조세나 관세를 받을 자에게 바치고

또한 존경할 자를 존경하라 하십니다.

20. 사랑의 빚 외에는 어떠한 빚도 지지 말라

교회 안에서나 밖에서
성도들이 돈을 빌려달라 할 때는
하나님께 지혜를 구해야 합니다.
요청하는 대로 빌려주기에는
불안하고 위험할 수 있습니다.
사람이 약속을 어기는 것은 아니지만
계획대로 안 되면 문제가 생겨
서로 곤란해질 수 있기 때문입니다.

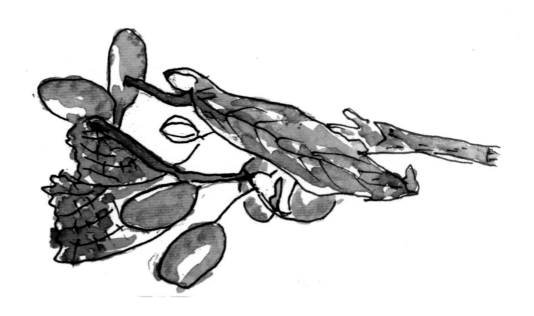

모르는 척하기는 딱하고

빌려주기에는 내가 힘이 듭니다.

이럴 때는 빌려준 것을 선물 준 것으로 생각해서

다시 받을 생각을 안 하거나

안 받아도 부담되지 않을 만큼의

범위로 줄여서

이해를 구하는 것도 괜찮을 것 같습니다.

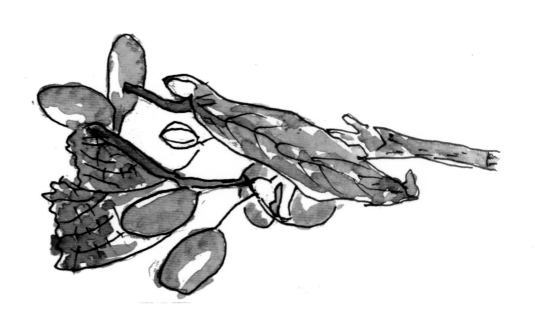

성경에서는 서로 사랑의 빚 이외의 빚은
지지 말라고 하십니다.
하지만 빌려주는 것도 사랑의 표현일 수 있으니
거절하기가 어렵습니다.
그래서 기도해야 합니다.
모두가 잘 살도록~.

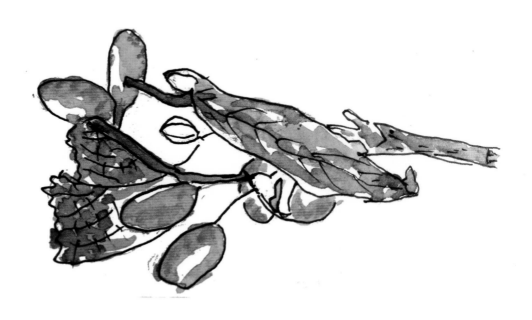

그러나 돈을 많이 갖고 있어야 하는 이유에 대해서는
그 자체가 목적이면 안 될 것 같습니다.
우리 삶의 목적은 예수님 안에서 행복이므로
내가 행복하기 위해서는 앞집이나 뒷집도 행복하고
위험을 만들거나 어려움 속에 들어가지 않아야 합니다.

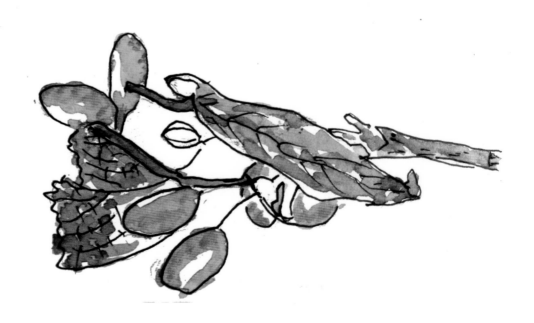

이웃집의 평안이 나의 집에 영향을 줄 수 있으므로
이웃도 더불어 잘 살 수 있도록
생활의 아주 작은 일부분을 기부하는 것,
이것이 예수님이 말씀하시는 이웃 사랑이고
이웃의 아버지이신 하나님 사랑이 됩니다.
예수님 재림 이후 새 하늘 새 땅이 올 때는
예언과 방언과 지식 등 은사들이 다 폐하여 지지만
사랑은 언제까지나 영원하다고 성경은 말씀합니다.

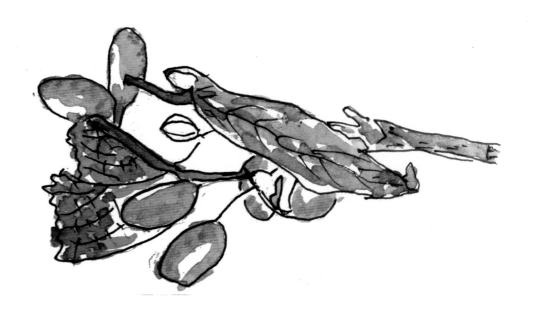

21. 집에 들어가 평안을 빌어 주고 먹고 마시는 것은 마땅하니라

예수님이 예수님의 말씀을 따르는 칠십 명을 불러

여러 동네에 보내면서

어느 집에 들어가든지

평안을 빌어 주고

병자를 고치라고 말씀하십니다.

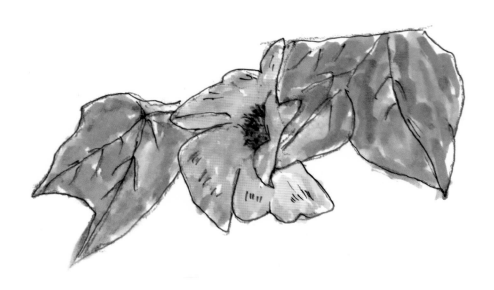

일하기 위하여 어느 집에 들어가든지
그 집에서 주는 것은
먹고 마시라고 하십니다.
일꾼이 그 삯을 받는 것은 마땅하기 때문입니다.

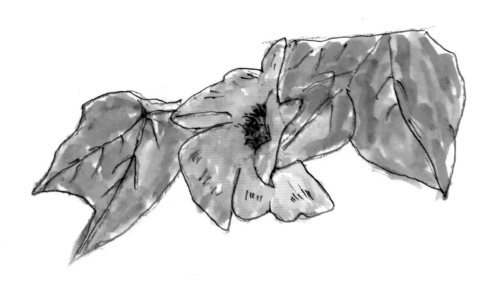

보냄 받은 칠십인들이 기뻐하며 돌아와 예수님의 이름이면
귀신들도 항복했다고 말하자 이렇게 말씀하십니다.

"사탄이 하늘로부터 번개같이 떨어지는 것을 내가 보았노라
내가 너희에게 뱀과 전갈을 밟으며 원수의 모든 능력을 제어할
권능을 주었으니 너희를 해칠 자가 결코 없으리라 그러나
귀신들이 너희에게 항복하는 것으로 기뻐하지 말고 너희 이름이
하늘에 기록되는 것을 기뻐하라"

눅 10:17~20

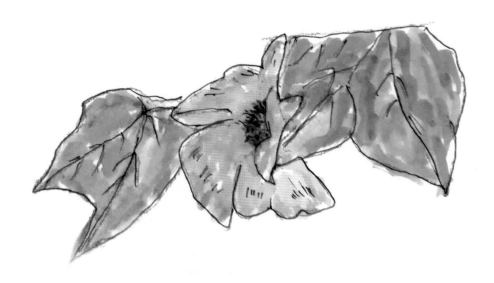

부록

1. 하나님의 일반 은총과 특별 은총

— 창 1:1~31

— 마 9:16~26, 19:16~20

— 딤전 1:9 (율법: 옳은 사람을 위하여 세운 것이 아닌 살인하는 자, 거짓말하는 자, 죄인, 복종하지 않는 자, 바른 교훈을 거스르는 자 등을 위한 법과 출애굽기 20장의 십계명, 24장의 시나이산의 언약)

2. 예수님의 십자가 사건은 희생이 아니라 사랑입니다

— 창 3장 (하나님이 만드신 들짐승 중에 뱀이 가장 간교하니라: 선악과 먹는 불순종)

— 마 27~28장 (십자가 사건: 아담으로 인한 원죄 해결 위해 스스로 십자가를 지신 것)

— 마 26:64~65 (죄인: 신성모독 하는 말)

— 마 27: 22 (죄인: 그리스도 즉, '구세주'라 하는 예수)

— 행 2:31 (육신이 썩음 당하지 않음: 예수님의 부활)

— 고전 13장 (사랑)

— 계 12:9 (사탄: 큰 용~옛 뱀 곧 마귀~ 천하를 꾀는 자라)

3. 부활에 대하여

— 마 17:22~23 (죽임당하고 제삼일에 살아나리)

— 마 28:1~8 (죽은 자 가운데서 살아나셨고)

— 마 24:1~51 (예수님 다시 오심, 재림)

— 막 16:15~20 (하늘로 올려지셨~: 부활)

— 행 1:1~11 (하늘로 가신 모습 그대로 다시 오시리라: 예수 그리스도의 재림)

4. 태초에 하나님이 천지를 창조하시니라

— 창 1:3 (빛이 있으라 하시니: 말씀으로 창조하심)

— 1:1~31 (천지창조, 6일째에 남자와 여자 창조)

— 요 1:14 (말씀이 육신이 되심)

— 마 16:17~20 (반석: 교회를 세우리니)

5. 기독교는 사랑입니다

— 출 3:14~15 ([나는 스스로 있는 자]: 하나님이 '나의 영원한 이름'이라 하심)

— 마 22:34~40 (하나님 사랑, 이웃 사랑: 이 두 계명이 모든 율법과 선지자의 명령)

— 롬 8:15 (아빠, 아버지: 이방인인 우리가 양자의 영을 받음으로 하나님을 아빠라 부름)

— 고전 13장 (사랑: 믿음, 소망, 사랑 중에 제일은 사랑이라)

6. 하늘로 올려지사 하나님 우편에 앉으시다

— 마 1:20 (능력: 성령으로 잉태됨)

— 마 1:18~24 (다윗 자손 요셉이 성령으로 예수님을 잉태한 약혼자 마리아와 결혼)

— 마 5~7장 (산상수훈: 제자들과 산 위에 올라가 가르치신 말씀이다, 예수님은 율법을 폐하러 오신 것이 아닌 완전하게 하려 오셨고, 화내거나, 간음하거나, 비판하거나, 악한 자를 대적하지 말고, 원수를 사랑하고, 기부는 은밀하게, 주기도문으로 기도하고, 구하면 주실 것이요, 천국은 하나님 아버지의 뜻대로 행해야 들어갈 것이요, 보물인 기도는 하늘에 쌓아 두고, 함부로 맹세하지 말 것을 가르치셨다)

— 마 26:63~65 (신성모독: 〈27:22~23〉 그리스도라 하는 예수~ '십자가에 못 박혀야 하겠나이다')

— 마 28:1, 7 (3일 후에 살아나셔서: 〈1절〉 안식일이 지나고 안식 후 첫날 새벽 무덤 보려고 갔더니 〈7절〉 죽은 자 가운데 살아나셨고)

— 눅 1:33~38 (높으신 이의 능력이 드리워짐: 성령으로 잉태되는 예수님)

— 눅 6:12~19 (열두 제자: 제자 중 열두 명을 택하여 사도라 칭하심)

— 행 1:1~2 (부활 후 40일간 사시다가: 승천하신 날까지 사십일 동안 사도들에게 보이심)

— 행 3:1~10 (표적: 못 걷게 된 이를 예수 그리스도 이름으로 걷게 함)

7. 왜 나사렛 예수인가요?

— 마 1:21 (예수: '그들의 죄에서 구원할 자'라는 뜻)

— 눅 4:18 ~21 (눈먼 자에게 자유 주시는 이: 예수님 자신임을 말씀하심)

— 마 21:4~11 (나사렛에서 온 선지자 예수)

— 마 24:4~12, 24:23~27 (거짓 선지자가 내 이름으로 와서~ 미혹해도 믿지 마라)

— 딤후 3:15 (구원의 메시아: 예수 안에 있는 믿음으로 구원)

— 딤전 1:9 (율법: 옳은 사람을 위하여 세운 것이 아닌 살인하는 자, 거짓말하는 자, 죄인, 복
　　　　종하지 않는 자, 바른 교훈을 거스르는 자 등을 위한 법과 출애굽기 20장의 십계
　　　　명, 24장의 시나이산의 언약 등)

8. 죄 때문에 사망이 시작되었습니다

— 창 1:26~31, 2:7~17

— 3:1~19 (사망: 너는 흙이니~ 흙으로 돌아갈 것이니라)

9. 십자가의 의미를 생각합니다

— 마 1장, 마 20:28 (대속물: 많은 사람의 죄를 대신 지고 어린 양이 되어 십자가에서 돌아가
　　　　시는 것)

— 창 3:1~21 (선악과를 땄어도 가죽옷을 입히시는 것: 하나님의 사랑이다)

— 마 1:20 (능력: 성령으로 잉태됨)

— 눅 1장 22:39~46 (기도, 십자가)

— 눅 22:39~46 (하나님의 뜻: 예수님은 기도함~ '아버지의 원대로 되기를 원하나이다')

— 눅 23:1~43 (죄인 격리: 2절 자칭 왕 그리스도라 ~, 10절 대제사장의 고발, 21절 십자가에
　　　　못 박게 하소서)

— 마 26:27~29 (죄 사함을 위한 예수님의 언약의 피)

— 마 27장

— 히 9:1~28 (제물, 구원:22절 피 홀림이 없으면 죄 사함이 없느니라, 26절 단번에 제물 됨)

— 딤전 1:16 (현재: 오직 하나님만 죽지 아니함이 있고)

10. 예수 그리스도께서 주신 자유

— 창 16:1~16 (자유 있는 사라에게서는 약속의 자녀 이삭을, 자유가 없는 여종 하갈에게서는 이스마엘 얻음, 그러나 이스마엘도 살피시는 하나님)

— 창 16:12절 (이스마엘~ 모든 형제와 대항해서, 창세기 12장부터는 일부일처제를 생각해서 사라를 통한 약속의 자녀 이삭을 원하셨지만, 사람 아브라함은 자유가 없는 여종 하갈을 통해 모든 형제들과 대항해서 살게 된다는 아들 이스마엘을 먼저 얻습니다, 그러나 아브라함의 계보는 이삭으로 이어짐)

— 창 21:9~12 (두 아들이 얻는 마음의 갈등: 애굽 여인 하갈의 아들이 이삭을 놀리는지라~ 하나님이 이삭에게서 나는 자라야 아브라함의 씨라 부를 것임이라고 말씀하심~)

— 마 28:18~20 (동행: 승천하시면서 하신 말씀으로 성령을 통해 '~항상 함께 있으리라')

— 갈 4:21~5:1 (자유: 그리스도께서 우리를 자유롭게 하려고 십자가를 지셨으니 굳건하게 서서 다시는 종의 멍에를 메지 마라)

11. 예수님은 죄가 없으십니다

— 창 23:16~20 (조상 열조에게 돌아감: 막벨라 굴)

— 마 1:14~21 (회개, 백성을 ~죄에서 구원할 자)

— 마 1:18~25 (성령 잉태)

— 마 1:23 (임마누엘: 하나님이 함께하신다)

— 마 26:26~28 (언약의 피)

— 마 26:64 (죄를 사하는 권능: 이 권능으로 예수님이 천국으로 인도할 수 있음)

— 막 1:14~15 (회개)

— 막 2:1~12 (죄 사함의 권능 있음)

— 눅 1:26~38 (처녀가 잉태하여 아들을 낳을 것이요)
— 행 2:1~13 (하나님이 우리와 함께 계시다: 오순절 성령님이 각 사람에게 임하여 다른 언어,
　　　　방언 등과 고전 12장의 은사가 나타남)

12. 사망, 심판받고 사라집니다

— 창 3장 (1:22절 이 사람이 선악을 아는 일에 우리 중 하나같이 되었으니~ 23절 그 근원이 된
　　　　땅을 갈게 하시고~ 24절 ~그 사람을 쫓아내시고~)
— 마 24:29~51 (예수님 재림: 인자 '예수님'이 구름 타고 오는 것을 보리라)
— 눅 16:16 (~율법과 선지자는 세례요한까지~ 이후로는 예수님의 믿음의 은혜로)
— 행 1:11 (재림: 너희 가운데 하늘로 올려지신 이 예수는 하늘로 가심을 본 그대로 오시리라)
— 롬 5~6장 (사망의 권능이 왕 노릇: 예수 그리스도의 순종으로 구원받아 의롭다 함을 입고 영
　　　　생함, 죄의 법이 주장하지 못하고 예수 그리스도의 은혜의 법 아래에 있음을 의미)
— 고전 15:20~28 (만유의 주이신 하나님: 54절 썩을 것이 썩지 아니함을 입고)
— 딤전 1:9 (율법, 신명기)
— 딤후 1:10 (사망의 묶임을 풀어 주신: 구주 예수 그리스도의 나타나심으로 사망을 폐하시고
　　　　복음으로 생명과 썩지 아니할 것을 드러내신지라)
— 계 20:14~21:4 (사망: 20:14절 사망이 불못에 던져지고~ 21:4절 사망이 없고~)

13. 신이신 여호와는 누구인가요?

— 창 1:26~31 (하나님의 형상대로 사람, 즉 남자와 여자를 창조)
— 창 1:28 (남자와 여자를 창조~ 복을 주시며)
— 창 3장
— 출 3:14~15 (스스로 있는 자: 신 여호와 이름)
— 사 45:5~8 (~나 밖에 신이 없느니라)
— 전 3:11~15 (시간 밖에 계셔서: 이제 있을 것이~ 장래에 있을 것도 옛적에 있었나니, 시간을
　　　　초월하심)

— 시 90:1~6 (영원부터 영원까지 주는 하나님이시니이다)

— 딤전 1:17 (보이지 않는 분, 썩지 않는 분, 홀로 하나이신 하나님)

— 딤전 6:15~16 (유일하신 주권자, 만왕의 왕, 죽지 아니함이 있고, 어떤 사람도 보지 못하였고, 가까이 가지 못할 빛에 거하시고, 볼 수 없는 분)

— 딤전 2:5 (단 하나뿐인 신: 하나님은 한 분이시요~ 하나님과 사람 사이에 중보자도 한 분 예수 그리스도라)

— 딤전 6:15 (하나님은 복되시고 유일하신 주권자시고 만왕의 왕이시요 만주의 주이시요)

— 약 1:17 (변함도 없고 회전하는 그림자 없음)

— 요일 1:5 (하나님은 빛이시라 어둠이 조금도 없으시다)

— 계 22:13 (알파와 오메가)

14. 영생하려면 서로 사랑하라

— 눅 10:25~37 (강도 만난 이웃을 사랑하라)

— 고전 16:14 (너희 모든 일을 사랑으로 행하라)

— 계 12:7~17 (9절 사탄: 큰 용이 내쫓기니 옛뱀 곧 마귀라고도 하고 사탄이라고도 하며 온 천하를 꾀는 자라~ 땅으로 내쫓기니 그의 사자들도 그와 함께 내쫓기니라)

— 출 20:1~24 (십계명, 율법)

15. 신약은 구약을 완성한 것입니다

— 창 3:1~24 (1절: 뱀은 여호와 하나님이 지으신 들짐승 중에 가장 간교하니라)

— 창 5절 (너희가~ 먹는 날에는 너희 눈이 밝아져서 하나님과 같이 되어~ 선악을~ 11:2~9 (바벨탑: 4절~ 탑 꼭대기를 하늘에 닿게 하여 우리 이름을 내고~ 5절 여호와께서 보려고 내려오셨더라, 6절~ 이후로는 하고자 하는 일을 막을 수 없으리로다, 7절 여호와께서~ 언어를 혼잡하게, 8절 그들을 흩으셨으므로~)

— 눅 22:39~40 (감람산 기도, 이 잔을 내게서~ 옮기시옵소서, 그러나~ 아버지의 원대로~)

— 눅 23:1~49 (하나님 뜻에 의해 십자가 짊어짐)

— 롬 5:1~11 (피로 구원)

— 히 9:11~22 (예수님의 피가 죄를 깨끗하게 하여: 구약의 성소에서 속죄의 피 뿌림으로 매년
함. 신약에서 단 한 번의 예수 그리스도의 피로 영원한 속죄를 함)

— 히 9: 22 (모든 물건이 피로써 정결케 되므로 피 흘림이 없은 즉 죄를 사함이 없느니라)

— 마 27장 (하나님 뜻: 선악과를 먹은 아담의 죄를 없애는 것임, 그래서 죄가 없는 예수님이
모든 사람들의 죄를 대신 가지고 십자가형을 받아 죽음으로, 그들의 죄를 없게 하
시고, '깨끗하다' 하시며 천국으로 부르시는 것)

16. 성경에서 인간의 역사

— 창 1~2장 (1:26~31 여섯째 날 인간 창조, 2:1 일곱째 날 안식 '쉬셨음')

— 창 3:20~24 (죄를 지어도 죽이지 않고, 쫓아냈어도 보살핍니다: 하나님의 성품)

— 마 1:1~17 (다윗의 후손: 아브라함과 다윗의 후손 예수 그리스도의 계보라)

— 마 24:29~51 (예수님 재림)

— 마 27장, 28장 (십자가, 부활)

— 눅 24:1 (부활하신 일요일: 안식일 후 첫날 즉, 하나님이 쉬신 토요일 다음 날인 일요일)

— 눅 24: 3~4 (무덤에서 돌이~ 옮겨진 것을 보고~ 들어가니~ 찬란한 옷을 입은 두 사람이 곁
에 섰는지라)

— 눅 24: 5 (~살아 있는 자를 죽은 자 가운데서 찾느냐)

— 행 7:1~53 (모세를 세워 가나안 땅에 정착시키고: 44~47절~ 모세~ 이방인 땅을 점령할 때
여호수아와 함께 들어가~ 다윗 때까지 이르니라~ 솔로몬이 집을 지었느니라)

— 눅 24: 6 (여기 계시지 않고 살아나셨느니라~)

— 왕하 25:1~30 (바벨론 침입, 예루살렘 멸망)

— 히 4:4 (~하나님은 제칠 일에 창조하시던 모든 것을 쉬셨다~)

— 딤전 1:17 (하나님은 불멸하시며 영원하시므로: 영원하신 왕 썩지 아니하시고)

106

17. 우리는 예수 그리스도의 것이요 그리스도는 하나님의 것이라

— 마 16:16 (예수 그리스도: 주는 그리스도시요 살아 계신 하나님의 아들이시니이다)

— 행 2:36 (예수 그리스도: ~예수를 하나님이 주와 그리스도가 되게 하셨느니라)

— 행 17: 2~3 (예수 그리스도: 바울이~내가 너희에게 전하는 이 예수가 곧 그리스도라)

— 딤전 2:1~2 (교회의 지체로 서로 돕도록: 모든 사람을 위하여 간구와 기도로 감사하되~ 임
　　　　금들과 높은 지위에 있는 사람들을 위하여 하라~ 우리가 경건함과 단정함으로
　　　　평안한 생활을 하게 하려 함이라)

— 고전 12:12~28 (27: 우리는 그리스도의 몸이요 지체의 각 부분이라)

— 딤전 3장 (감독, 집사의 자격)

— 롬 5:1~6 (예수 그리스도 명칭: 그리스도는 메시아 즉, 구세주라는 뜻으로 경건하지 않는
　　　　자를 위하여 죽으셔서 그의 피로 우리들이 의롭다 하심을 받았으므로 우리는 주
　　　　예수 그리스도라 한다)

18. 천국이 무엇인가요?

— 마 1장 (다윗의 후손)

— 13장 (천국 비유: 천국은 좋은 땅에 씨앗을 뿌리면 삼십 배 육십 배 백 배의 결실을 얻고, 작
　　　　은 겨자씨 한 알을 심으면 크게 자라는 나무와 같고, 각종 물고기를 모으는 그물에서
　　　　좋은 것만 그릇에 담는 것과 같다. 세상 끝에는 천사들이 와서 의인 중에 악인을 갈라
　　　　내는 것과 같다)

— 눅 6:12~16 (12제자), 16:15~18 (하늘나라 복음)

— 눅 23:46 (영혼을 하나님께 맡김: 아버지 내 영혼을 아버지 손에 부탁하나이다)

— 벧 4:6 (몸은~ 불태우고~ 영혼만~ 천국으로: 육체로는 사람으로 심판받으나 영으로는 하나
　　　　님 따라 살게 하려 (천국 가는 것) 하심)

— 딤전 6:7 (~세상에 아무것도 가지고 온 것이 없으매 아무것도 가지고 가지 못하리니)

19. 사람 위에 있는 권세에 대하여
— 롬 13:1~10 (권세: 권세는 하나님께로부터이므로 복종)

20. 사랑의 빚 외에는 어떠한 빚도 지지 말라
— 고전 13장 (사랑, 구제), 16:1~2 (연보)
— 롬 13:8 (남을 사랑하는 자는 율법을 다 이루었느니라)
— 롬 13:10 (사랑은 율법의 완성)
— 롬 6:7, 14 (7절~ 죽은 자가 죄에서 벗어나 의롭다 하심을 얻었으니~ 14절 죄가 너희를 주
　　　　　장하지 못하리니 이는 너희가 율법 아래에 있지 아니하고 (예수 그리스도의 믿
　　　　　음의) 은혜 안에 있음이라)

21. 집에 들어가 평안을 빌어 주고 먹고 마시는 것은 마땅하니라
— 눅 10:1~20 (일꾼의 삶)